지구를 아프게 하는
환경 쓰레기를
파고파고

지구를 아프게 하는
환경 쓰레기를
파고파고

초판 1쇄 인쇄 2025년 2월 5일
초판 1쇄 발행 2025년 2월 10일

지은이 오지은
그린이 송진욱
펴낸이 구모니카
디자인 양선애
마케팅 신진섭
펴낸곳 M&K
등록 제7-292호 2005년 1월 13일
주소 경기도 고양시 일산서구 고양대로 255번길 45, 903동 1503호(대화동, 대화마을)
전화 02-323-4610
팩스 0303-3130-4610
E-mail sjs4948@hanmail.net

ISBN 979-11-91527-95-7 74900
　　　 979-11-91527-61-2(세트)

우리의 미래를 위한 탄소중립, 쓰레기 줄이기부터!

지구를 아프게 하는
환경 쓰레기를
파고파고

글 오지은 | 그림 송진욱

엠앤키즈

지구가 아픈 것과
쓰레기가 무슨 상관?

푸른 바다와 하늘, 우거진 숲과 넓은 들, 그곳에 사는 수많은 생물들까지! 만물이 살아 숨을 쉬는 이 지구에서 여러분은 어떤 것을 가장 좋아하나요? 맑고 푸른 하늘을 좋아하는 사람도 있을 것이고, 첨벙대는 파도를 좋아하는 사람도 있을 거예요. 또 어떤 사람은 쑥쑥 하늘 높이 자라나는 나무를 좋아할 수도 있고, 엉금엉금 기어가는 거북, 꼬물꼬물 옆으로 기어가는 꽃게나 갯벌에서 숨바꼭질하는 예쁜 조개를 좋아할 수도 있어요.

이렇게 모든 것이 참으로 아름다운 지구가 어느 순간부터 점점 병들어 가고 있다고 해요. 너무 병들어서 열이 나고, 숨 쉬기 힘들다며 기침도 해요. 여기저기 아프다고 신음 소리를 내더니 결국 지구 곳곳에 이상한 현상이 마구 생기기 시작했어요. 갑자기 눈이 많이 내리기도 하고, 엄청난 태풍이 찾아오기도 해요. 매년 여름은 점점 더 뜨거워지고 있고 더위 때문에 사람이 쓰러지기도 해요.

이렇게 지구가 병들어 가는 이유가 무엇인지 알고 있나요? 여러 이유가 있겠지만 여러분이 오늘도 생활 속에서 계속 만들어 낸 이것 때문일 수 있어요. 여러분, 아니 모든 사람이 단 하루라도 이것을 만들지 않은 적이 없을 거예요. 바로 '쓰레기'예요.

오늘 여러분은 어떤 쓰레기를 만들었나요? 휴지도 쓰고, 음료수도 마시고, 종이컵도 사용하고, 과자도 먹으면서 정말 많은 쓰레기를 만들었을 거예요. 이렇게 우리가 매일매일 만들어 내는 쓰레기가 점점 모이고 모여서 산처럼 쌓이고 지구를 아프게 하고 있어요.

과연 우리가 버린 쓰레기가 지구를 어떻게 병들게 하고 있을까요? 그리고 쌓여 가는 쓰레기는 어떻게 처리되고 있을까요? 지금부터 우리가 무심코 쓰고 버리는 쓰레기가 지구를 얼마나 아프게 하는지 함께 살펴봐요. 그래야 함께 이 아름다운 지구를 살리는 방법을 생각해 낼 수 있을 테니까요. 우리가 쓰레기 감시단이 되어 다시 지구를 건강하게 살려 봐요. 자, 시작해 볼까요?

오지은

5

차례

제3장 쓰레기 감시단, 이제 지구를 지키자

1장

이 많은
쓰레기가
도대체 어디에서
왔을까?

쓰레기에 종류가 있다고? 다 같은 쓰레기 아니야?

"이거는 일반 쓰레기! 이거는 종이류! 이거는 음식물 쓰레기!"

여러분은 부모님과 함께 쓰레기를 버리러 간 적이 있나요? 종량제 봉투에 쓰레기를 차곡차곡 담아서 꽉 묶은 다음, 정해진 곳에 쓰레기를 버렸을 거예요. 그런데 신기하게도 모든 쓰레기를 종량제 봉투에 버리지는 않아요. 어떤 쓰레기는 플라스틱이라고 쓰여 있는 곳에, 어떤 쓰레기는 음식물 쓰레기라고 쓰여 있는 곳에 버려요. 그 이유는 무엇일까요? 바로 쓰레기에도 종류가 있기 때문이에요.

우리는 살면서 아주 많은 물건을 사용해요. 그러다가 물건이 고장 나거나 필요가 없어지면 버려요. 이렇게 버려진 것을 쓰레기라고 해요. 쓰레기에도 종류가 있는데 크게 생활 쓰레기와 산업 쓰레기로 나뉘어요. 생활 쓰레기는 가정에서 나오는 것이고, 산업 쓰레기는 산업 현장에서 나오는 것이에요.

쉽게 말해 여러분이 주로 버리는 종이, 휴지, 플라스틱 등은 생활 쓰레기이고, 공장이나 건설 현장에서 나오는 콘크리트 구조물, 벽돌 등은 산업 쓰레기예요.

생각만 해도 쓰레기가 엄청 많죠? 환경부 조사에 따르면 우리나라 국민 한 사람이 평생을 살면서 만드는 생활 쓰레기는 평균 55톤에 이른다고 해요. 그것도 70세까지 산다는 조건하에서요. 큼직한 코끼리가 5톤 정도 하니 코끼리 11마리에 해당하는 무게이지요.

55톤이나 하는 생활 쓰레기 중 최대한 다시 쓸 수 있는 건 다시 쓰고, 나머지만 폐기하기 위해서는 어떻게 해야 할까요? 분류를 잘 해야겠죠?

생활 쓰레기는 크게 재활용 쓰레기, 폐기용 쓰레기, 음식물 쓰레기, 기타 쓰레기로 나뉘어요. 재활용 쓰레기는 다시 사용할 수 있는 쓰레기인데, 종이, 유리, 플라스틱, 캔 등이 있어요. 택배가 올 때 함께 따라오는 종이 박스를 종량제 봉투에 버리지 않고 따로 버리는 이유가 바로 이것이지요.

다음으로 폐기용 쓰레기는 일반 쓰레기이며, 재사용이 불가능한 쓰레기예요. 나무젓가락, 휴지 등 불에 타는 쓰레기는 종량제 봉투

에 담아 버리고, 불에 타지 않는 도자기, 숟가락, 젓가락 등은 매립
용 봉투에 담아서 버려요.

　다음으로 음식물 쓰레기는 음식물 쓰레기 전용 봉투에 담아 버
려요. 그렇다면 동물 뼈, 생선 뼈 등은 음식물 쓰레기일까요, 아니면
일반 쓰레기일까요? 바로 일반 쓰레기예요. 돼지와 같은 가축이 먹
을 수 있다면 음식물 쓰레기, 먹을 수 없다면 일반 쓰레기라고 생각
하면 쉬워요.

　마지막으로 기타 쓰레기에는 헌 옷, 폐건전지, 가구 등이 있어요.

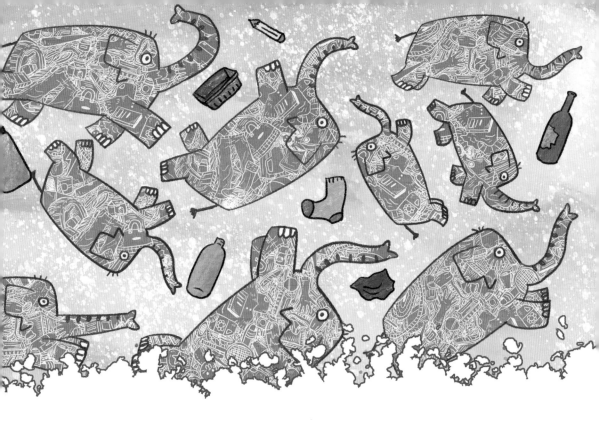

옷이나 폐건전지, 먹다 남은 약은 정해진 수거함에 버려야 해요. 그리고 옷장, TV 등 가구나 전자 제품은 대형 폐기물 스티커를 붙이고 지정 장소에 버려요.

쓰레기마다 분류 방법이 다르니 머리가 아플 수도 있지만, 우리가 사는 지구를 위해서는 다 같이 조금씩 수고를 하는 게 맞겠죠?

내가 하루에 버리는 쓰레기가 이렇게나 많다고?

"나는 딱히 그렇게 쓰레기를 버리지는 않아."

이런 생각을 하는 친구들이 있겠죠? 과연 그럴까요? 여러분이 오늘 생활하면서 어떤 쓰레기를 버렸는지 추적 들어가 볼까요? 하루 동안 정은이의 일상을 따라가 보면서 여러분은 어떤 쓰레기를 버렸는지 같이 생각해 봐요.

아침이 되었어요. 정은이는 일어나서 학교에 갈 준비를 해요. 눈이 반쯤 감긴 상태에서 이불을 정리하고 씻기 위해 화장실로 걸어가요. 비틀거리는 것을 보니 아직 잠이 덜 깬 모양이에요. 정은이는 양치하고 개운하게 세수까지 했어요. 그런데 화장실을 나가려는데 배가 살살 아파요. 학교 가기 전에 똥을 누면 하루가 가볍겠죠?

끙끙 소리를 내며 아랫배에 힘을 주었지만, 똥이 반만 나오다 멈추었어요. 정은이는 똥을 다 누는 걸 포기할 수밖에 없었어요. 어떤 일은 멈춰야 하는 때가 있다는 걸 알거든요. 그런 뒤 휴지를 돌돌 말아서 똥을 닦고 휴지통에 버렸어요. 그러고는 물을 내린 뒤 손을 닦고 나왔지요. 그랬더니 식탁에서 김이 모락모락 나는 김치찌개와 달걀말이가 정은이를 기다리고 있어요.

하지만 똥을 시원하게 누지 못한 탓에 정은이는 음식을 많이 남겼어요. 남은 음식물은 그대로 음식물 쓰레기 봉투에 버려졌지요.

학교에 간 정은이는 열심히 수업을 들었어요. 초롱초롱 빛나는 눈으로 선생님 말씀에 귀 기울였지요. 쉬는 시간이 되자 정은이는 훌쩍거리는 코를 풀고 휴지통에 휴지를 버렸어요. 시간이 흘러 점심시간이 되었는데 오늘따라 맛있는 반찬이 나오지 않았어요. 결국 정은이는 급식을 반만 먹고 거의 다 버렸지요. 정은이와 같은 학생들이 많은지 오늘은 음식물 쓰레기가 한 가득이에요.

"차렷! 공수! 인사! 안녕히 계세요!"

우렁찬 인사와 함께 정은이는 바로 분식집으로 향했어요. 매콤한 떡볶이를 먹느라 나무젓가락과 종이컵을 사용했지요. 집으로 가는 길에 문구점에 들러서 요즘 유행하는 장난감을 사고 포장되어 있는 비닐을 뜯어 쓰레기통에 버렸어요. 저녁에는 입맛 없는 정은이를 위해 엄마가 치킨을 사 주어서 냠냠 맛있게 먹었지요. 그랬더니 치킨 포장과 뼈가 쓰레기로 또 만들어졌어요.

지금까지 정은이의 일상을 살펴보았는데 어땠나요? 휴지, 음식물, 나무젓가락, 종이컵, 비닐, 닭뼈, 포장 박스 등 여러 가지 쓰레기를 버렸어요. 여러분의 일상과도 비슷하죠? 아마 여러분도 정은이처럼 매일매일 조금씩 쓰레기를 버리며 살았을 거예요.

환경부 조사에 따르면, 2021~2022년 1인당 하루에 버리는 생활 폐기물은 약 950그램이라고 해요. 1킬로그램에 조금 못 미치는 양이지요. 특히 일회용품 양이 재활용을 위한 분리 배출량보다 2배 이상 많다고 해요. 또 종이컵, 광고 전단지 등이 많이 버려진다고 해요. 줄어들기는커녕 계속 늘어나기만 하는 게 바로 쓰레기이지요.

앞으로 더 많은 쓰레기가 나오지 않으려면 우리가 무엇을 할 수 있을까요? 지금 나오는 쓰레기에서 무엇을 줄일 수 있는지 고민해 봐야겠지요?

우리가 버린 이 많은 쓰레기, 다 어디로 갈까?

"쓰레기는 어디에서 태어나서 어디로 갈까?"

여러분은 쓰레기의 일생을 생각해 본 적이 있나요? 사람들에 의해 만들어진 이 많고 많은 쓰레기가 지금 우리 눈앞에 그대로 쌓여 있다면 끔찍하겠죠? 어디로 사라졌는지는 모르겠지만 일단 눈앞에서는 깔끔히 치워져서 다행이라고 생각하나요? 하지만 아예 모른 척할 수만 있나요? 외면하고 싶은 쓰레기가 우리를 보이지 않는 곳에서 위협하고 있는 세상이니, 이 많은 쓰레기들이 어디로 가는지 한 번 보자고요.

자, 이제 쓰레기들이 어떤 과정을 거쳐 어디로 가게 되는지 쓰레기의 일생을 따라가 볼까요? 여러분이 버린 생활 쓰레기는 종량제

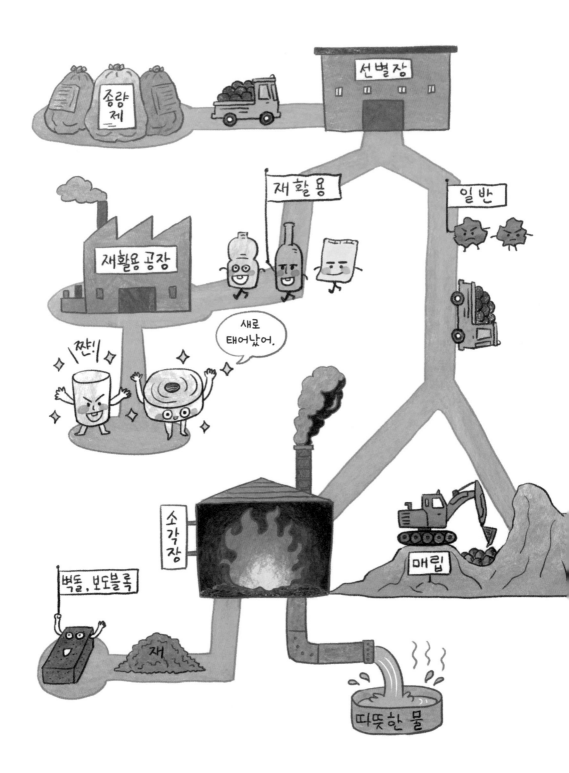

봉투에 담겨 쓰레기장으로 가요. 종량제 봉투들은 다시 모이고 모여서 선별장으로 가고요. 모인 쓰레기를 바로 처리하지 않고 왜 선별장으로 갈까요? 바로 다시 활용할 수 있는 쓰레기와 그렇지 못한 쓰레기를 구분해야 하기 때문이에요. 선별장에 모인 쓰레기들은 비닐류, 유리류, 페트류 등으로 분리하는 과정을 거쳐요. 마치 쓰레기에 이름을 붙여 주는 것 같지요? 이렇게 분리된 재활용품은 압축되어 재활용 공장으로 이동해서 새롭게 태어나요. 그래서 '재활용'이라는 이름이 붙는 거예요. 여러분이 지금 사용하고 있는 물건이 어쩌면 쓰레기를 재활용해서 만들어진 것일 수도 있어요!

그렇다면 재활용되지 못하는 쓰레기들은 어떻게 처리될까요? 대부분 불로 태우는 소각 과정을 거치고 일부는 땅에 묻히는 매립 과정을 거쳐요. 먼저 불로 태우는 소각 과정부터 살펴볼까요? 쓰레기는 800~900도의 높은 온도로 태워져요. 쓰레기를 태울 때 여러 가지 좋지 않은 물질이 나오는데, 이것을 최대한 줄이기 위해 각 지역 소각 시설에서는 여러 가지 과정을 거쳐야 해요.

먼저 좋지 않은 냄새가 나오는 것을 막기 위해 쓰레기가 저장되어 있는 곳의 악취 공기를 빨아들여서 쓰레기를 태울 때 필요한 공기로 바꾸지요. 그리고 쓰레기를 태우면서 나오는 재는 벽돌, 보도블록 등을 만들 때 재활용되어요.

쓰레기를 태우면서 나오는 열은 처리 과정을 거쳐서 따뜻한 물을 만들 때 사용하기도 해요. 이러한 복잡한 과정을 거쳐서 쓰레기는 태워져요. 환경 오염을 조금이라도 줄이기 위해 사람들이 많이 고민한 방법이지요.

그렇다면 땅에 묻히는 쓰레기는 어떤 과정을 거치게 될까요? 무작정 땅에 묻으면 거대한 쓰레기 산이 온 지구에 가득하겠지요? 그래서 쓰레기를 묻는 곳은 정해져 있어요. 예를 들어 서울, 경기도, 인천에서 나오는 쓰레기를 매립하는 곳은 수도권 매립지라고 불러요. 쓰레기를 태우고 온 트럭들은 일사불란하게 움직이며 쓰레기를 매립지에 토해 내요. 그러면 포클레인과 불도저가 쓰레기가 잘 쌓이도록 정리를 하고 그 옆에서는 물과 탈취제를 뿌려요. 그리고 그 위에 흙을 덮어요.

이렇게 매립된 쓰레기에서는 유해 가스와 물이 나오는데, 물은 하수 처리장을 거쳐서 정화되어 다시 쓰이고, 가스는 발전 시설을 거쳐서 전기를 만들 때 사용돼요. 가장 큰 문제는 이러한 쓰레기를 묻을 수 있는 곳이 점점 사라지고 있다는 거예요. 매일 쏟아지는 쓰레기는 더 이상 갈 곳이 없어요. 이제는 정말 우리가 쓰레기를 줄이기 위해 노력해야 할 때가 아닐까요?

우리 집 앞 쓰레기는 밤사이 누가 가져갈까?

"이 많은 쓰레기를 누가 다 치우는 걸까? 요정이 왔다 갔나?"

여러분 중에 부모님을 도와 쓰레기 분리수거를 해 본, 몸도 마음도 바람직한 사람이 있다면 이런 생각도 한 번쯤 해 보았을 거예요. 정말로 요정들이 왔다가 요술봉으로 톡톡 두드려 싹 사라지게 했다면 좋을 텐데요. 그렇진 않을 테고, 정말 그 많은 쓰레기가 하룻밤 사이 어디로 다 갔을까요?

일단 여러분 집에 있는 쓰레기통을 한번 봐 볼까요? 쓰레기가 어느 정도 찼나요? 아직 공간이 많이 남아 있는 집도 있을 것이고, 봉투가 터질 것처럼 쓰레기가 꽉꽉 담겨 있는 집도 있을 거예요. 잘 채워진 쓰레기봉투는 어떻게 처리해야 할까요? 계속해서 집에 놔두면

퀴퀴한 냄새가 진동을 하고 벌레들이 우글우글 기어 다닐 거예요. 그래서 사람들은 쓰레기봉투에 쓰레기가 다 차면 집 앞 지정된 곳에 쓰레기봉투를 가져다 놔요. 이렇게 집집마다 버린 쓰레기봉투가 한곳으로 모이죠. 냄새나는 쓰레기봉투들이 모이면 마을도 금방 지저분해질 텐데, 어떻게 마을이 깨끗하게 유지될 수 있을까요?

그 비밀은 바로 새벽에 오고 가는 어떤 사람들 덕분이에요. 아주 이른 아침, 해가 고개를 내밀기도 전에 분주하게 움직이는 사람들이 있어요. 바로 쓰레기를 수거해 가는 환경공무관이죠! 어스름한 새벽, 환경공무관은 큰 차를 몰고 집 앞의 쓰레기봉투가 모아져 있는 곳으로 와요. 거기에서 쓰레기들을 운반 차량에 옮겨 실어요. 환경공무관은 여러분의 집 앞만 가는 것이 아니에요. 차를 타고 움직이면서 정해진 구역 내의 공공 장소 혹은 거리에 있는 쓰레기를 운반 차량에 옮겨 실어요.

이렇게 모인 쓰레기들은 임시 장소로 이동하고 재활용품을 분류하는 작업을 거치죠. 사방에서 모아 온 쓰레기의 양이 산더미라서 분류하는 작업이 보통 힘든 게 아니라고 해요. 분류 작업을 하다 날카롭거나 뾰족한 물건에 손을 다치는 일도 엄청 많다고 해요.

분류가 끝나고 여기서 재활용되지 않는 쓰레기는 불에 태우거나 땅에 묻고, 재활용이 되는 것은 재활용 공장으로 이동해요.

이렇게 환경공무관은 여러분이 쿨쿨 자고 있을 때 여러분 집 앞에 있는 냄새나는 쓰레기를 묵묵히 치워 주고 있어요. 환경공무관은 새벽에만 일하는 것이 아니에요. 늦은 밤에도 쓰레기를 수거하러 다닌답니다. 쓰레기를 수거하는 것뿐만 아니라 빗자루로 쓰레기를 쓸어 담는 환경공무관도 있어요. 하는 일이 조금씩은 다를 수 있지만 우리가 생활하는 이 공간을 조금 더 깨끗하게 만들어 주고 있는 것은 변함없는 사실이에요! 우리에게는 없어서는 안 되는 마을 지킴이이고, 지구 곳곳에서 맨 앞에 서서 환경을 지키는 멋진 특공대가 바로 환경공무관이에요.

환경공무관은 과거에는 청소부, 환경미화원이라고도 불렸지만, 이는 직업을 낮추어 말하는 것처럼 들려서 환경공무관으로 이름이 바뀌었다고 해요. 앞으로 여러분이 환경공무관들을 만나게 된다면, 어떤 마음을 가져야 할까요? 나아가 쓰레기를 버릴 때 어떻게 버려야 할지도 함께 고민해 봐요.

우리가 버린 음식물 쓰레기가 다 거름이 되진 않아

"오늘은 밥을 많이 남겼네. 남은 음식은 어디로 갈까?"

건강하려면 하루 세끼 밥을 잘 챙겨 먹어야 해요. 건강도 중요하고 먹는 것 자체가 행복인 사람들도 있지요. 보글보글 끓는 된장찌개, 매콤한 떡볶이, 노릇노릇한 갈비, 벌써부터 침이 넘어가죠?

이렇게 맛있게 밥을 먹고 남은 음식은 어떻게 처리했나요? 물론 음식을 하나도 남기지 않은 기특한 사람도 있겠지만 많은 사람이 반찬, 국 찌꺼기 등 조금씩 음식을 남겼을 거예요. 우리나라에서 하루에 보통 1만 5천 톤의 음식물 쓰레기가 버려진다고 해요. 큼직한 코끼리가 5톤 정도 되니, 코끼리 3,000마리 정도 되는 무게예요. 어마어마하죠? 이렇게 많은 음식물 쓰레기를 어떻게 처리할까요? 모두가 썩어서 거름이 되면 좋겠지만, 너무 많아도 심각한 문제랍니다.

일단 집이나 가게에서 버린 음식물 쓰레기는 모이고 모여서 공장으로 옮겨져요. 음식물 쓰레기봉투에 담겨 옮겨지기도 하고, 양이 많으면 커다란 음식물 쓰레기통에 담겨 옮겨지기도 해요.

공장에서 새롭게 다시 태어나는 과정을 볼까요? 먼저 음식물 쓰레기는 파쇄기에 들어가요. 파쇄기는 무엇이든 잘게 부수는 기계예요. 파쇄기 속에서 음식물 쓰레기는 작게 부서지고, 비닐, 뼈 등 음식물이 아닌 쓰레기는 걸러지게 돼요. 그다음 아주 높은 온도로 열을 가해서 익히고 건조시켜요. 세균은 높은 온도를 못 버티기 때문이지요.

그 후에는 물기를 잘 말려 주고 자석을 이용해 금속 조각을 걸러 내요. 이렇게 걸러진 음식물 쓰레기는 고운 가루가 되어요. 밭의 비료 혹은 병아리나 오리 등의 사료로 쓰이지요. 이처럼 음식물 쓰레기는 바로 땅에 묻히는 것이 아니라 여러 과정을 거쳐서 다시 우리가 사용할 수 있도록 새롭게 바뀌어요.

이렇게 음식물 쓰레기 처리 과정을 알게 되면, 생각이 깊은 친구들은 음식을 많이 버리지 않고 잘 먹겠다는 생각을 할 테고, 나아가 음식물을 수거하신 분들이나 공장에서 재활용 작업을 하시는 분들이 조금이라도 덜 수고스럽도록 음식물 쓰레기로 정해진 것만 잘 분

동애등에

류해서 버려야겠다고 생각하겠죠?

　최근에는 음식물 쓰레기를 먹는 곤충을 활용해서 음식물 쓰레기를 처리한다고 하는데, 혹시 알고 있나요? 그 곤충의 이름은 바로 '동애등에'예요. 동애등에는 파리과 곤충인데, 여러분 손가락 한 마디가 채 되지 않는 작은 곤충이에요.

　"우웩!"

　벌써부터 이런 소리를 내는 사람은 없겠죠? 그건 동애등에가 우리를 위해 얼마나 위대한 일을 하는지 몰라서 하는 반응이에요.

　동애등에는 최근 음식물 쓰레기를 친환경적으로 처리할 수 있는 곤충으로 많은 관심을 받고 있어요. 온몸을 바쳐 지구를 구하고 있는 곤충이라고 보면 돼요. 동애등에는 음식물 쓰레기로 만든 유기성 폐기물을 먹고, 엄청난 속도로 성장해요. 10일 동안 1,000배만큼 성장한다고 해요. 공장에서 음식물 쓰레기를 먹은 지 10일이 지나면 동애등에의 임무는 끝이 나요.

동애등에 자신은 통통한 단백질로서 나중에 동물 사료로 활용이 되지요. 그리고 동애등에가 싼 똥, 즉 분변토는 밭에 뿌리는 퇴비로 이용돼요.

동애등에 덕분에 음식물 쓰레기의 부피와 무게를 확 줄이고, 환경 오염 없이 음식물 쓰레기를 처리할 수 있지요. 자신의 몸은 동물 사료로, 똥은 퇴비로 이용된다니 그야말로 버릴 것 하나 없는 곤충인 것이죠!

이렇게 환경을 위해 음식물 쓰레기를 처리하는 다양한 방법을 고민 중이에요. 무엇보다 음식물 쓰레기의 양이 줄어드는 것이 가장 좋겠지만요. 여러분이 음식물 쓰레기의 양을 줄이기 위해 할 수 있는 일은 무엇일지 곰곰이 생각해 보는 것은 어떨까요?

바다 쓰레기를 치우는 해양 청소 로봇이 있다고?

"뉴스입니다. 사람들이 무심코 버린 플라스틱 쓰레기 때문에 수많은 바다 동물들이 목숨을 잃고 있습니다."

여러분은 이런 뉴스를 본 적이 있나요? 너무 많이 들어서 이제는 무감각해졌다면 정말 큰일이에요. 코에 긴 빨대가 박힌 거북, 20킬로그램이 넘는 플라스틱 쓰레기들을 먹고 숨진 고래까지, 많은 바다 생물들이 사람이 버린 쓰레기로 인해 목숨을 위협받고 있어요.

무더운 여름날 바다를 가 본 친구들은 바다에 둥둥 떠 있는 쓰레기를 한 번쯤은 봤을 거예요. 파도가 일렁이면서 바닷물이 모래사장으로 왔다 갔다 할 때 과자 봉투, 아이스크림 막대기, 플라스틱 컵이나 장난감 등 각종 쓰레기가 함께 움직이는 모습을 본 적이 있을

거예요. 이 쓰레기는 모두 어디서 왔을까요? 그리고 어디로 갈까요?

한 해 동안 우리나라에서 버려지는 바다 쓰레기는 15만 톤 정도라고 해요. 과자 봉투나 아이스크림 막대기가 무겁지도 않는데, 얼마나 많이 버려야 15만 톤의 쓰레기가 나올까요? 바다 쓰레기는 사람들이 바다에서 놀다가 버린 물건이나 육지에서 버린 물건이 바다로 흘러 들어와서 생기기도 하지만, 그물이나 통발 등 고기잡이에

썼던 도구나 배에서 버린 쓰레기도 있어요.

이렇게 거대한 바다 쓰레기는 누가 치울까요? 때로는 대형 쓰레기 수거 선박이나 사람이 직접 가서 치우기 어려운 곳도 있어요. 게다가 해양 쓰레기의 대부분은 바닷속 깊은 곳으로 가라앉는데, 깊은 바닷속은 사람이 들어가 작업하기 어렵지요.

이때 혜성처럼 등장한 것이 청소 로봇이에요. 우리나라 연구진이 개발한 무인 청소 로봇은 먹이를 잡아먹듯 해양 쓰레기를 집어삼켜요. 수거된 쓰레기는 뒤쪽에 연결된 그물망에 담기지요.

특히 이 로봇은 사람이 원격으로 조종하는 방식과 알아서 움직이는 자율 수행 방식이 모두 가능해요. 쓰레기가 모여 있는 좁은 구역에서는 사람이 직접 로봇을 조종하여 쓰레기를 수거해요. 마치 게임기로 자동차 장난감을 움직인다고 생각하면 쉬워요. 반면 상대적으로 넓은 구역에서는 로봇 스스로 자율적으로 작업을 해요. 마치 로봇청소기가 알아서 집 안을 청소하는 것처럼 말이에요.

심지어 최근에는 더 가볍고 바위틈에서도 쓰레기를 치울 수 있는 '해파리 로봇'이 개발되었다고 해요. 해파리가 몸을 오므렸다가 펴면서 바닷속을 자유롭게 헤엄치는 것처럼, 해파리 로봇도 오므라들었다 펴지면서 작동을 하죠. 이를 통해 아주 작은 해양 쓰레기도 모으고 운반할 수 있게 되었어요. 청소 로봇이 해양 쓰레기 청소부로서 앞으로 어떤 활약을 할지 기대가 되지 않나요?

쓰레기도 100세 시대? 쓰레기의 수명이 그렇게나 길까?

요즘은 다들 100세 시대라고 하지요? 의학 기술이 발달하면서 사람들의 수명은 점점 늘어났어요. 여기서 '수명'이란 태어나서부터 죽을 때까지의 기간을 말해요. 2021년 조사에 따르면 우리나라 사람들의 평균 수명은 83.6세라고 해요. 아주 영원히 오랫동안 살면 좋겠지만, 그럴 수는 없지요. 그렇다면 과연 사람들이 버린 쓰레기들의 수명은 어떨까요?

사람마다 수명이 조금씩 다른 것처럼 쓰레기들도 저마다 수명이 달라요. 여러분이 가장 자주 쓰는 휴지의 수명은 어떻게 될까요? 완전히 썩어 없어지는 데 2주 정도 시간이 걸린다고 해요. 코를 풀거나 흘린 것을 닦고 버리는 데 10초도 안 걸리는데 수명이 2주나 된다니! 혹시 너무 길다고 생각하나요? 아직 놀라기에는 일러요. 여러분이 편의점을 가거나 분식집을 갈 때 받는 비닐봉지는 썩는 데 무려 10~20년이 걸려요. 무심코 받은 비닐봉지의 수명보다 더 수명이 긴 것이 있어요. 바로 여러분이 매일 사용하는 칫솔! 칫솔은 무려 썩는 데 100년이 걸린다고 해요.

여기서 끝이 아니에요. 편의점에서 쉽게 구할 수 있는 음료수 캔과 플라스틱 병의 수명은 500년 정도라고 해요. 그렇다면 과연 어떤 쓰레기가 썩는 데 가장 오래 걸릴까요? 1등은 바로 유리병이에요. 유리병은 무려 1,000년이 넘게 걸린다고 해요. 우리가 마구 만들어 내는 쓰레기들이 없어지는 데 이렇게 오랜 시간이 걸려요.

무엇보다 중요한 것은 이러한 쓰레기들이 썩는 동안 땅과 바다를 오염시키고 해로운 가스를 내뿜는다는 것이지요. 그래서 쓰레기를 재활용하는 것이 정말 중요해요.

재활용 가능한 쓰레기는 분리수거하여 새롭게 다시 태어날 수 있도록 해야 하지요. 쓰레기를 줄이는 가장 좋은 방법은 쓰레기를 적게 만들어 내는 것이에요. 나무젓가락, 종이컵 등 한 번밖에 사용하지 못하는 일회용품은 최대한 사용하지 말아야 해요. 이외에도 쓰레기를 덜 버릴 수 있는 방법을 생각해 봐요. 그리고 여러분이 최근에 버린 쓰레기의 수명은 어느 정도일지 생각해 봐요.

쓰레기 수명

담배꽁초  1 ~ 5년	**비닐봉지**  10 ~ 20년
나무젓가락  20년	**가죽 구두**  50년
칫솔  100년	**스티로폼**  500년
알루미늄 캔  500년 ~	**유리병**  1000년

우주에는 누가 그렇게 쓰레기를 버리는 거야?

"우주에도 쓰레기가 생긴다고요? 그럼 누가 가서 치우나요?"

여러분은 우주에 쓰레기가 있을 것이라고 생각하나요, 없을 것이라고 생각하나요? 한 번도 생각해 본 적이 없다고요? 흠, 그럴 만도 하네요. 우주에 누가 가서 쓰레기를 버린다고 생각이나 했겠어요?

놀랍게도 우주에도 지구처럼 쓰레기가 있어요. 우주 쓰레기란 지구 주위를 돌고 있지만 이용할 수 없는 모든 인공 물체를 말해요. 말 그대로 더 이상 사용할 수 없기 때문에 쓰레기가 된 것이지요. 예를 들어 작동하지 않는 인공위성, 로켓 본체나 로켓에서 분리된 부품 등 셀 수 없이 많아요. 인공위성이란 지구와 같은 행성의 둘레를 돌 수 있도록 로켓을 이용해 쏘아 올린 인공 장치를 말해요. 인공위성은 지구 주위를 돌면서 날씨나 위치를 알려 주기도 하고, 우주를 관측하는 데 도움을 주기도 해요. 이러한 인공위성이 고장 나거나 제대로 작동하지 못하면 우주 쓰레기가 되는 것이지요. 다시 지구로 수거하기가 쉽지 않으니 그냥 내버려두는 것이에요. 우주는 넓으니까요.

그런데 한 조사에 따르면, 현재 크기가 10센티미터 이상인 우주 쓰레기는 약 2만 9천 개, 지름이 10센티미터 이하인 것은 약 67만 개, 그리고 1센티미터보다 작은 파편들은 약 1억 7천만 개 이상이라고 해요.

혹시 광활한 우주이니까 쓰레기 정도는 있어도 상관없다고 생각하나요? 하지만 우주가 아무리 넓어도 우주 쓰레기 때문에 큰 문제가 일어날 수 있다고 해요. 우주 쓰레기가 다른 위성과 충돌하여 파편이 생기면 또 다른 우주 쓰레기가 생기고, 이것이 반복되면 결국 지구 주변에 우주 쓰레기가 가득할 수 있으니까요. 이렇게 되면 우리가 우주로 로켓을 쏘아 올리는 것도 어려워지고, 여러 인공위성을 사용하기도 어려워져요. 우주로 로켓을 쏘아 올렸다가, 우주 쓰레기와 부딪혀서 추락할 수도 있기 때문이에요.

특히 국제우주정거장과 우주 쓰레기가 충돌하면 시설 피해는 물론이고 우주인의 생명도 위험해질 수 있어요. 국제우주정거장은 버

스정류장처럼 우주 공간에 떠있는 종합 터미널이라고 생각하면 쉬워요. 우주인이 머물면서 다양한 과학 실험을 하는 공간이지요. 국제우주정거장에 우주 쓰레기가 와서 부딪힌다면 아주 큰일이 일어나겠지요? 실제로 우주 쓰레기와 우주선이 충돌해서 우주인들이 국제우주정거장에 고립되는 일도 있었다고 해요.

그렇다면 위험한 우주 쓰레기를 어떻게 처리할 수 있을까요? 지구처럼 환경공무관들이 직접 수거하기도 어려운 상황인데 과연 어떻게 수거할까요? 우주 쓰레기를 수거하는 방법에는 여러 가지가 있어요. 그중 몇 가지를 소개하자면 먼저 '우주 그물'이에요. 청소 인공위성이 그물로 물고기를 잡듯 쓰레기를 모으는 방법이에요.

두 번째는 '청소 위성'이에요. 청소 위성이 집게로 우주 쓰레기를 붙잡아 함께 떨어지는 방법이지요. 지구에서 과학적으로는 물론 관광으로서도 가치가 없는 가장 고립된 바다에 각종 인공위성을 비롯한 우주 쓰레기를 떨어뜨리는 방법이지요. 우주선들의 무덤이라고 생각하면 돼요. 이러한 방법들을 이용해서 우주 쓰레기를 처리한다고 해요. 지구뿐만 아니라 우주에도 쓰레기가 있다니, 다시 생각해도 놀랍지 않나요?

2장

몸살을 앓는
지구,
쓰레기는 이제
어디로 버려야 할까?

지구가 이렇게 넓은데, 쓰레기를 버릴 곳이 부족하다고?

"쓰레기 대란이 오고 있습니다. 정말 심각한 상황입니다."

뉴스에서 '쓰레기 대란'이라는 말을 들어 본 적이 있나요? 보통 '대란'이라는 말은 우리 사회에서 화제가 되고 큰 난리가 날 때 쓰곤 해요. 예를 들어 '교통 대란', '부동산 대란', '물가 대란' 등이 있지요. 요즘에는 여러 뉴스에서 '쓰레기 대란'이라는 말이 빈번하게 나와요. 해석하면 쓰레기 때문에 큰 난리가 났다는 뜻이지요. 과연 쓰레기 때문에 우리나라에서 어떤 난리가 난 것일까요?

우리나라에서 사람들이 하루 동안 버리는 쓰레기의 양은 해마다 점점 늘어나고 있는 상황이에요. 특히 택배나 일회용품의 사용이 늘어나면서 쓰레기의 양은 크게 늘었지요. 가정에서 나오는 쓰레기뿐만 아니라 산업 현장이나 건설 현장에서 나오는 산업 쓰레기의 양도 크게 늘었어요. 이렇게 점점 늘어나는 쓰레기는 결국 어떻게 될까요? 열심히 땅에 묻는 매립 과정을 거치거나 불로 태우는 소각 과정을 거쳐요. 하지만 이마저도 한계가 있다고 해요. 빠르게 늘어나는 쓰레기의 양에 비해 쓰레기를 처리할 수 있는 시설은 크게 부족하기 때문이에요. 환경부에 따르면 2031년 우리나라의 공공 매립 시설 215곳 중 47퍼센트에 해당하는 102곳이 더 이상 쓰레기를 받을 수 없는 상태가 된다고 해요.

어쩌면 이렇게 생각하는 친구들도 있을 거예요.

'그러면 쓰레기를 묻을 곳을 늘리면 되지 않나?'

'쓰레기를 태울 곳을 더 만들면 되지 않을까?'

하지만 생각처럼 쉬운 것이 아니에요. 쓰레기를 처리하는 문제 때문에 지역 간에 서로 싸우기 때문이에요. 그 이유는 무엇일까요? 만약 여러분의 집 앞에 쓰레기를 처리하는 시설이 들어온다고 생각해 보세요. 집 주변에서 쓰레기 냄새가 폴폴 나서 불쾌하고 눈으로 보기에도 썩 아름다운 모습은 아닐 테니 두 손 벌려 환영하기는 어렵지요. 쓰레기 처리 시설을 서로 싫어하다 보니 말 그대로 쓰레기 전쟁이 벌어져요. 이렇게 서로 다투는 사이에 쓰레기의 양은 더 크게 늘어나고, 결국 더 이상 견딜 수 없는 지경까지 갈 수 있어요.

"우리 지역에는 절대 안 돼!"

"우리도 마찬가지야. 좋아하는 사람이 어디 있어?"

이렇게 양보 없이 싸우기만 하기보다는 이제는 늘어나는 쓰레기를 처리하기 위해 마음을 열고 올바른 대책을 세워야 할 때가 아닐까요?

쓰레기를 땅에 묻거나 태우면 아무 문제가 없을까?

"쓰레기를 땅에 묻거나 태우면 쓰레기 문제는 충분히 해결되지 않아요?"

하나만 알고 둘은 모르는 생각이에요. 그렇게 간단한 문제라면 전 세계가 쓰레기 때문에 골머리를 앓지도 않겠지요. 여러분도 혹시 늘어나는 쓰레기를 땅에 묻거나 태우면 쓰레기 문제가 해결된다고 생각하나요? 특정 지역에 돈을 많이 주고 쓰레기 처리 시설을 여러 개 세우면 쓰레기 문제가 해결될 것이라 생각하는 사람도 있을 거예요. 하지만 쓰레기를 땅에 묻거나 태우는 것은 단순히 돈으로 해결되는 문제가 아니에요.

먼저 쓰레기를 땅속에 묻는 매립의 문제점부터 살펴볼까요? 사실 쓰레기를 땅속에 묻는 매립 방법은 쓰레기를 처리하는 가장 최후의 방법이에요. 그만큼 좋은 방법은 아니라는 뜻이지요. 쓰레기는 땅속에서 썩으면서 여러 오염 물질을 내보내요. 이 오염 물질은 주변의 땅과 물을 오염시켜요. 심지어 몸에 해로운 유독 가스를 내보내고 악취까지 풍기지요.

실제 미국에서는 아주 무서운 일이 있었어요. 땅속에 묻은 쓰레기 때문에 사람들이 병에 걸리고 기형아를 낳은 것이에요. 1940년대부터 1952년까지 미국의 한 화학 회사는 약 2만 톤의 화학 폐기

물을 철로 만든 드럼통에 넣어 땅속에 묻었어요. 그로부터 1년 후 이 지역에는 학교와 주택이 세워졌어요. 그런데 학교 운동장이나 지하실에서 이상한 화학 물질이 나오는 일이 생겼어요. 심지어 주민들에게는 피부병과 두통이 자주 생겼어요.

1977년 이 지역을 조사한 결과, 지하수가 유독성 화학 물질로 심하게 오염된 것을 발견했어요. 더 자세히 조사를 해 보니 이 지역은 다른 지역에 비해 유산율이 4배가 높고, 1973~1978년에 태어난 어린이들이 지적장애, 심장 및 신장 질환 등 선천성 기형아라는 사실이

보고되었어요. 결국 미국에서는 1978년 이 지역을 환경 재난 지역으로 선포하고 주민들을 다른 곳으로 이주시켰어요. 주택과 학교를 모두 철거했고, 사람과 동물의 접근을 막기 위하여 울타리도 쳤지요. 이렇게 무심코 땅에 묻은 쓰레기가 주변의 땅과 물을 오염시켜서 사람들에게 큰 피해로 돌아가기도 해요.

그렇다면 쓰레기를 태우는 소각은 안전할까요? 쓰레기를 소각할 때 생활 폐기물을 한꺼번에 태우게 되는데, 이때 비닐이나 플라스틱 등이 타면서 사람들 몸에 나쁜 영향을 주는 독성 물질이 나와요. 특히 주의할 물질은 '다이옥신'인데요, 다이옥신은 플라스틱류를 태울 때 소각 온도가 충분히 올라가지 않을 때 나오는 독성 물질이에요. 아주 극소량이라도 다이옥신을 계속 흡입하면 암에 걸릴 수 있고 불임과 기형아 출산의 원인이 될 수 있어요.

심지어 다이옥신은 물에 잘 녹지 않아서 사람이나 동물 몸속으로 들어오면 배설되지 않고 몸속에 계속 쌓이지요. 물론 쓰레기를 소각할 때 다이옥신을 제거하는 기술을 도입했다고 하지만 우리가 아직 모르는 독성 물질이 나올 수 있기 때문에 조심해야 해요.

이처럼 단순히 쓰레기를 매립하거나 소각한다고 쓰레기 문제가 쉽게 해결되지는 않는다는 걸 명심해야 할 거예요.

플라스틱 쓰레기, 썩지도 않는데 왜 큰 문제일까?

"플라스틱이 없는 세상은 상상도 할 수 없어. 플라스틱을 누가 개발했는지 몰라도 천재가 틀림없어."

엉뚱하지만 이런 이야기를 듣고 공감하는 사람 몇 명은 있겠죠? 틀린 말은 아니에요. 우리를 둘러싼 물건 중에 플라스틱이 그만큼 많으니까요. 그만큼 플라스틱 쓰레기도 엄청 많고요.

사람들은 왜 플라스틱을 많이 사용할까요? 그리고 플라스틱은 언제 처음 만들어졌을까요? 플라스틱은 코끼리의 큼직한 이빨인 상아를 대신할 물질을 연구하다 1860년대에 이 세상에 나오게 되었어요. 코끼리 상아로 악기, 도장, 당구공 등 다양한 물건을 만들 수 있었지만, 어느 순간부터 무분별한 코끼리 밀렵으로 상아를 구하기 어려워지기 시작했어요. 그래서 사람들은 코끼리의 상아를 대신할 물질을 찾기 시작했어요. 이 과정에서 탄생한 것이 플라스틱이에요.

플라스틱은 발전에 발전을 거쳐서 다양한 색상으로 만들어지고 더욱 튼튼해지고 값도 싸서 많은 사람에게 사랑을 받았지요. 1940년대 세계 대전이 한창이던 시기에는 낙하산, 헬멧 등 다양한 전쟁물품에 플라스틱이 사용되었어요. 전쟁 이후 생긴 플라스틱 공장들은 플라스틱 전성기를 열었어요. 플라스틱 컵, 플라스틱 접시, 비닐봉지 등 일반 생활용품으로 널리 사용되는 플라스틱 제품이 크게 늘었지요.

이제는 사람들의 일상생활로 깊숙이 들어온 플라스틱은 엄청난 플라스틱 쓰레기를 만들어 냈어요. 값싸고 편리하다는 이유로 한 번 사용하고 버리는 플라스틱의 양이 지구가 감당할 수 있는 수준을 넘어서기 시작했지요.

늘어난 플라스틱 쓰레기는 지구에 어떤 고통을 안겨 주고 있을까요? 플라스틱은 썩는 데 500년이 넘는 시간이 걸리고 자연적으로 분해되지 않아서 환경 오염의 주요 원인이 되고 있어요. 전 세계적으로 플라스틱 쓰레기의 9퍼센트 정도만 재활용되고 있다고 해요. 대부분 한 번 쓰고 버려지고 더 이상 쓸 수 없게 되면서 자원이 낭비되고 있지요.

특히 플라스틱 쓰레기는 바다로 흘러들어 가서 바다 생태계를 망치고 있어요. 바다 위에 떠다니는 쓰레기의 90퍼센트가 플라스틱이라고 하니, 엄청나지요? 많은 동물들이 버려진 플라스틱에 몸이 엉켜서 피해를 입기도 해요. 플라스틱 그물에 목이 감긴 바다사자는 숨을 제대로 쉬지 못하고 죽기도 해요.

이외에도 플라스틱은 만들어지고 소비되는 모든 과정에서 온실가스를 배출해서 지구 온난화의 주범이 되기도 해요. 너무나도 편리하지만 환경 오염 그 자체인 플라스틱, 여러분은 계속 모른 체하고 무분별하게 사용할 건가요?

바닷속에 떠 있는 비닐봉지

우리도 모르게 플라스틱을 먹고 있다고?

"2024년 1월 13일 미국 콜럼비아대학교 연구진은 마트에서 파는 3가지 상표의 생수를 분석한 결과 1리터 생수병 하나에 평균 24만 개의 미세 플라스틱 입자가 들어 있다는 것을 발견해서 국제 학술지 〈미국립과학원회보〉에 실었다. 적게는 11만 개, 많게는 한 병에 37만 개도 검출되었다고 한다."

기겁할 만한 뉴스죠? 오늘만 해도 생수병에 들어 있는 물을 마신 친구라면 더 충격적일 거예요.

오늘 무엇을 먹었는지 한번 생각해 보세요. 집에서 맛있는 집밥을 먹은 사람도 있을 것이고, 음식점에서 먹은 사람, 배달시킨 음식을 먹은 사람도 있을 거예요. 만약 오늘 여러분이 먹었던 음식에 플라스틱이 들어가 있었다면 어떠할 것 같나요? 맛있는 음식을 먹었는데 플라스틱을 먹었다니!

사실 눈에 보이지는 않지만 여러분이 먹은 음식에 아주 작은 플라스틱이 있을 수 있어요. 이것이 바로 미세 플라스틱이에요. 미세 플라스틱이란 5밀리미터보다 작은 크기의 플라스틱을 말해요. 여러분의 새끼손가락 손톱의 절반보다 더 작고 어떤 것은 머리카락 두께보다 작아서 현미경으로 봐야 보일 정도로 작지요.

이러한 미세 플라스틱은 애초에 작은 크기로 만들어지기도 하지만 페트병이나 비닐봉지 등의 플라스틱 제품이 부서지거나 분해되면서 만들어지기도 해요.

난데없이 이런 미세 플라스틱이 어떤 과정을 거쳐서 우리의 입속으로 들어오는 것일까요? 미세 플라스틱은 세안제나 치약에도 있고, 바다에 버려진 플라스틱 쓰레기가 분해되면서 생기기도 해요. 심지어 여러분이 입고 있는 옷을 세탁할 때 미세 플라스틱이 옷감에서 분리되어 나올 때도 있어요.

이러한 미세 플라스틱은 물을 깨끗하게 처리하는 과정인 정수 처리 과정에서 걸러지지 않고 하수구를 통해 강으로, 바다로 스며들어요. 바다로 흘러간 미세 플라스틱은 어떻게 될까요?

놀랍게도 바다 생물들에게 미세 플라스틱은 먹이처럼 보인다고 해요. 비닐이 해파리처럼 보이기도 하고, 빨대 조각이 반짝거리는 먹이로 보이기도 한답니다.

실제로 죽은 물고기의 뱃속을 보면 플라스틱 쓰레기가 정말 많다고 해요. 이러한 바다 생물들은 인간에 의해 그물에 잡히고, 시장에서 팔리고, 우리 식탁 위로 오게 돼요. 뱃속에 미세 플라스틱을 가득 품은 채로요. 그런 물고기를 우리가 요리해서 먹는 것이지요.

우리가 먹은 미세 플라스틱은 몸에 흡수되고 각종 장기에 쌓여요. 인간의 몸에 미세 플라스틱이 쌓이면 암세포가 빠르게 성장할 수도 있고 몸에 좋지 않다는 연구 결과도 많아요. 우리의 손으로 버린 플라스틱이 다시 우리의 입으로 들어오다니! 이제야말로 플라스틱 사용을 정말 줄여야 할 때가 아닐까요?

태평양 한가운데 거대한 쓰레기 섬이 떠 있다고?

쓰레기가 도대체 얼마나 많으면 땅에도 넘치고 바다에도 섬이 만들어진 걸까요? 세상에는 양심 없는 사람들이 정말 많은 게 아닐까 생각된다고요? 음, 거기에 우리 책임이 전혀 없다고 할 수 있을까요?

여러분은 오늘 하루 어떤 쓰레기를 만들어 냈나요? 여러분의 집에서 내놓는 쓰레기들이 하나도 없었나요? 과자 봉지, 포장 용기, 먹다 남긴 음식, 휴지, 캔 등 여러 가지 종류의 쓰레기를 만들어 냈을 거예요. 이러한 쓰레기들이 다 어디로 갔을까요?

태평양 한가운데 이런 쓰레기들이 모여서 제주도와 같은 섬이 만들어졌다면 믿기나요? 무려 한반도의 16배에 해당하는 어마어마한 크기의 쓰레기 섬이 태평양 한가운데에 있어 처치 곤란이라고 해요.

태평양은 우리나라가 있는 아시아 대륙과 미국이 있는 아메리카 사이에 있는 아주 크고 넓은 바다예요. 지구 바다의 절반을 차지하는, 지구에서 가장 큰 바다이지요.

이 넓은 태평양 한가운데에 거대한 쓰레기 더미가 있어요. 면적이 매우 넓어서 섬으로 불릴 정도예요.

태평양 쓰레기 섬은 언제 발견되었을까요? 바다가 워낙 넓다 보니 발견하기가 쉽지 않았는데, 1997년 여름, 찰스 무어라는 한 선장이 요트로 미국 로스앤젤레스에서 하와이까지 횡단하다 처음 발견하였다고 해요. 찰스 무어는 넓은 태평양 바다를 건너던 중에 이상한 느낌에 휩싸이게 되었어요.

"지도에는 없는데, 여기에 섬이 있네."

바로 바다 한가운데에 플라스틱 더미로 이루어진 쓰레기 지대를 발견한 것이지요. 태평양 쓰레기 섬은 이때 처음 세상에 드러나게 되었어요. 바다 표면뿐만 아니라 바닷속까지 가득 메우고 있던 이 쓰레기는 어떻게 모이게 되었을까요?

바닷물이라는 것은 멈춰 있는 것이 아니라 바람이나 바닷물의 밀도 등에 의해 특정한 방향으로 흘러가요. 이것을 해류라고 부르는데, 이러한 해류로 둘러싸인 중앙은 해류가 없어서 바닷물이 모여요. 그때문에 해류를 타고 온 쓰레기들이 한곳에 모이게 되고, 태평양에 쓰레기 섬이 생기게 된 것이죠.

놀라운 것은 쓰레기 섬의 대부분이 플라스틱으로 이루어져 있다고 해요. 이러한 플라스틱 쓰레기는 썩지도 않고 바다에 오랫동안 쓰레기로 떠다니게 돼요.

그렇다면 이 바다 쓰레기는 누가 버린 것일까요? 뉴스에 따르면 한 기후 단체에서 태평양 쓰레기 섬에 있는 쓰레기 약 6천 개를 수거하여 상표를 분석했어요. 그 결과 34퍼센트는 일본, 32퍼센트는 중국, 10퍼센트는 대한민국 출신이라고 해요. 우리나라가 3위라니 너무 놀랍지 않나요? 그리고 강을 통해 육지에서 흘러 들어온 쓰레기도 있었지만, 대부분이 그물과 로프, 부표 등 물고기를 잡는 산업인 어업 과정에서 나온 폐기물이었어요. 태평양에 둥둥 떠다니고 있어서 자신의 나라의 것이 아니라고 우기고, 그 누구도 치우지 않는 상황에서 누가 가장 피해를 볼까요? 바로 바다 생물이에요.

여러분의 집에 쓰레기가 가득하면 여러분이 피해를 보는 것처럼, 바다에 쓰레기가 가득하면 바다에 사는 생물들이 피해를 입어요. 쓰레기가 먹이인 줄 알고 먹기도 하고, 쓰레기에 엉키기도 하지요. 지금 이 시간에도 태평양 쓰레기 섬은 점점 더 커지고 있어요.

우리가 매일 24시간 쓰레기를 만들고 있다고?

"오늘은 어떤 것을 배달시켜 먹을까?"

아빠의 말에 눈을 반짝인 사람은 한둘이 아닐 거예요. 배달 음식을 시키면 귀찮게 집에서 요리를 하지 않아도 되어서 아주 편리해요. 특히 주문하면 대부분 30분 내에 신속하게 배달되는 데다 배달 음식의 종류도 다양해지면서, 빠른 시간 안에 맛있는 음식을 만날 수 있지요. 이러한 편리함 때문에 많은 사람이 배달 음식을 좋아해요. 우리나라는 배달 문화가 특별히 발달한 나라이기도 하고요.

그렇다면 여러분은 배달 음식을 다 먹고 난 다음에 어떻게 하나요? 그릇을 깨끗이 설거지해서 재활용할 수도 있지만, 기름때가 묻은 그대로 재활용 쓰레기로 내놓는 경우가 많을 거예요. 배달 음식으로 인해 편리함은 얻었지만 엄청난 플라스틱 쓰레기도 함께 얻었지요. 최근에는 배달 음식 메뉴가 다양해지면서 각종 반찬을 플라스틱 용기에 담으면서 배달 쓰레기도 점점 진화했어요.

코로나 19가 창궐했던 2020년을 떠올려 볼까요? 마스크를 쓰고 사회적 거리 두기를 실천하며 코로나 19를 예방하기 위해 사람들은 많은 노력을 했어요. 동시에 밖에서 식사하는 일이 줄어들면서 배달과 택배가 크게 늘었지요.

특히 누가 더 배달을 빠르게 하느냐로 여러 기업이 경쟁하면서 택배 산업은 크게 성장했어요. 손바닥보다도 작은 제품을 완충재를 가득 채운 종이 상자에 담아 배송하기도 했지요. 빠르게 배송하기 위해 택배 상자를 던지듯 옮기는 과정에서 제품이 망가지지 않도록 해야 했으니까요. 특히 야채, 냉동 제품 등은 제품의 신선함을 유지하기 위해 아이스팩, 스티로폼 상자와 함께 겹겹이 포장되었어요. 우리는 신선한 제품을 얻어서 너무 좋지만, 산처럼 잔뜩 쌓이는 포장 폐기물은 큰 문제로 다가왔어요.

지금도 쓰레기는 나날이 늘어나고 있어요. 우리가 자고 있는 동안에도요! 새벽에 배송되고 있는 택배로 인해 쓰레기는 쉴 틈 없이 만들어지고 있잖아요. 여러분이 이번 한 주 동안 만들었던 택배, 배달 쓰레기에는 어떤 것이 있는지 떠올려 보세요.

"엄마, 아빠, 오늘부터 한 주 동안은 배달 음식을 먹지 않는 것은 어떨까요? 우리가 만든 쓰레기 때문에 지구가 숨을 쉴 수가 없다고 해요. 쓰레기 줄이는 일을 생활 속에서 실천해야 해요."

이렇게 부모님께 건의를 해 보세요. 우리의 작은 노력이 지구에 큰 도움이 될 수 있다면 충분히 실천해 볼 만한 일이에요.

남의 나라 말인 줄 알았는데, 우리나라에 쓰레기 산이 있다고?

여러분은 등산하는 것을 좋아하나요? 올라가는 길은 멀고 힘들지만, 산에 오르고 나면 상쾌한 공기를 마실 수 있고 아름답게 펼쳐진 풍경에 감탄하기도 해요. 그런데 우리나라에 이렇게 멋진 산이 아니라 쓰레기 산이 전국 각지에 있다면 믿겨지나요?

"이게 뭐야! 온통 쓰레기네. 여기 우리나라 맞아?"

왜 우리나라라고 없겠어요? 쓰레기 산은 자연이 아닌 인간이 만든 산으로, 사람들이 버린 각종 쓰레기들이 산처럼 모인 것을 뜻해요. 인간이 만든 쓰레기 산은 자연의 정화 속도를 훌쩍 넘겨서 몸집이 빠르게 커지지요. 우리나라에 있는 쓰레기 산이 무려 200곳이 훌쩍 넘는다고 해요. 믿기 힘들죠?

쓰레기 산은 보기에도 좋지 않지만 여러 가지 문제를 일으켜요. 쓰레기가 썩으면서 생기는 가스 때문에 종종 불이 나기도 하지요. 매일 연기를 내뿜고 불기둥이 계속 치솟는 산이 있다고 생각해 봐요. 계속해서 물을 뿌리며 화재를 진화해야 할 거예요.

쓰레기 산은 화재뿐만 아니라 하천 오염에도 심각한 영향을 끼쳐요. 쓰레기 산에서 나오는 썩은 물로 인해 주변 하천이 오염되기도 해요. 하천이 오염되면 주변의 토양은 물론 논과 밭까지 오염이 되지요. 쓰레기로 인해 오염된 하천수로 키운 식물은 어떨까요? 또 그 식물로 만든 음식은 괜찮을까요?

쉽게 말해 썩은 물을 먹고 자란 양파와 맑은 물을 먹고 자란 양파 중 여러분은 어떤 양파를 먹고 싶나요?

무엇보다 가장 심각한 것은 악취예요. 쓰레기가 썩으면서 풍기는 냄새는 사람들의 일상생활을 방해하지요. 결국 쓰레기 산이 있는 마을을 떠나는 주민까지 생길 거예요.

이러한 쓰레기 산은 왜 생기는 것일까요? 바로 사람들의 불량한 마음 때문이에요.

"나 한 명쯤이야."

"누가 보지 않을 때 몰래 버리고 오자."

"쓰레기 버리는 것도 돈이 드니 몰래 산에다 버리고 오자."

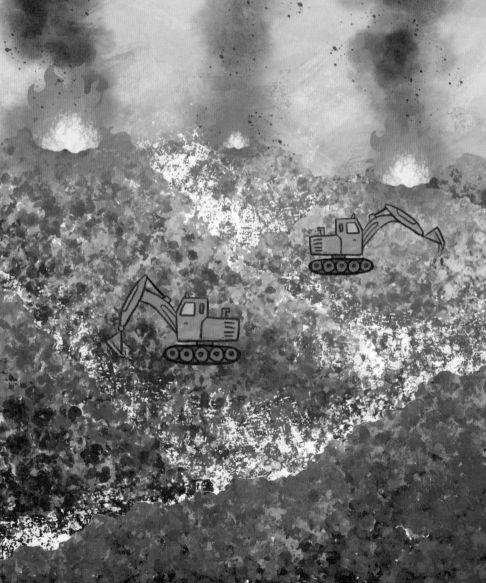

계속해서 늘어나는 쓰레기 배출량으로 인해 쓰레기 처리가 어려워지거나 귀찮은 마음에 아무 데나 쓰레기를 버린 까닭에 쓰레기 산은 점점 커지고 있어요. 사람들이 불법으로 쓰레기를 버리고 그러한 불법 쓰레기가 모여 쓰레기 산이 만들어졌는데, 공공 기관에서도 당장 예산이 없거나 시급한 일이 아니라고 판단해 방치해 두다 보니 그렇게 된 것이지요.

진행되던 공사가 멈추면서 그대로 방치된 폐기물도 있고, 폐기물 처리 업체가 아닌 곳에 불법으로 투기한 폐기물, 다른 나라로 쓰레기를 보내기 위해 모여 있는 쓰레기까지 다양한 경로로 쓰레기가 모이게 돼요.

삼천리 아름다운 우리나라 강산에 쓰레기 산이 200곳이나 된다니, 이대로 계속 가다 우리 동네에도 쓰레기 산이 생기지 않으리란 법이 있나요? 쓰레기 산을 없애기 위해, 아름다운 우리 강산을 되살리기 위해 우리는 어떤 노력을 할 수 있을지 생각해 봐요.

탄소 배출의 주범, 쓰레기 때문에 기후 위기가 왔다고?

"날이 갈수록 여름은 점점 더워지고 겨울은 점점 추워지니 요상하다!"

어른들이 이런 이야기를 자주 하죠? 지구에서 고작 10년 정도 산 여러분은 잘 모르겠지만, 어른들은 과거와 비교해 확실히 다른 것을 눈치챘나 봐요.

물론 여러분도 아주 이상한 날씨를 경험해 본 적이 있을 거예요. 갑자기 비가 많이 내려서 집이 물에 잠기기도 하고, 폭염과 폭설로 목숨이 위협받기도 해요. 직접 경험하기도 하고, 뉴스로도 믿기 힘든 이상한 기후 현상을 들어 보았을 거예요.

이러한 피해는 모두 이상 기후로 인해 생긴 거예요. 이상 기후는 무엇일까요? 쉽게 말하면 이상한 기후 현상이에요. 그리고 보다 정확히 말하면 기온이나 강수량이 정상적인 상태를 벗어난 것을 뜻해요. 봄, 여름, 가을, 겨울 사계절이 뚜렷한 우리나라도 점점 봄과 가을은 짧아지고, 여름과 겨울이 길어지고 있어요. 특히 여름에는 무더위로 밤에 잠을 제대로 자지 못하고, 비가 갑자기 많이 내려 큰 피해를 입기도 해요. 겨울에는 폭설과 한파로 집에 발이 묶이기도 하지요.

이러한 이상 기후가 생기는 이유는 무엇일까요? 바로 지구 온난화 때문이에요. 지구 온난화란 지구의 평균 온도가 점점 올라가는 것을 말해요. 날이 갈수록 지구는 점점 뜨거워지고 있어요. 온실가스가 담요처럼 지구를 덮어서 지구가 내보내는 온도를 가두고 있기 때문이에요. 이불 속에 있을 때를 떠올려 볼까요? 이불 속에 있으면 온기가 빠져나가지 않고 이불 안에 잘 머물러 있어서 따뜻해요. 이와 비슷하게 지구를 둘러싼 기체인 온실가스가 지구를 덮으면서 지구가 뜨거워지고 있는 거예요.

사실 온실가스는 지구의 온도를 일정하게 만들어 주는 중요한 요소예요. 만약 온실가스가 없다면 지구는 너무 추워서 사람들이 살 수 없지요. 그래서 적절한 온실가스가 중요한데, 최근에는 온실가스가 너무 많아져서 문제라는 거죠. 결국에는 이상 기후, 생태계 파괴

등 여러 가지 환경 문제가 함께 나타나게 되었어요. 지구의 평균 온도가 1도 오르면 육상 생물 10퍼센트가 멸종 위기에 처하고 기후 변화로 30만 명이 사망한다고 해요. 또 지구의 온도가 6도 오르면 대멸종이 시작된다고 해요. 조금 위기감이 생겼나요?

그렇다면 우리가 버리는 쓰레기와 이상 기후는 어떤 관련이 있는 것일까요? 지구 온난화의 주범인 온실가스에는 탄소가 많이 포함되어 있어요. 이산화탄소, 메탄 등 여러 탄소가 온실가스에 포함되어 있지요. 그래서 탄소 배출을 줄이는 것이 지구 온난화를 막기 위해 무엇보다 중요하다고 해요.

그런데 쓰레기는 썩는 과정에서 탄소가 많이 배출되어 주변 환경에도 해로운 영향을 끼치기 때문에 지구 온난화의 주범이 되지요. 소각하는 과정에서도 마찬가지고요.

쓰레기가 되기 전, 공장에서 물건으로 만들어지는 과정에서도 탄소가 많이 배출되는데, 쓰레기가 되어 썩거나 소각되는 과정에서도 어마어마한 탄소가 배출되기 때문에 지구 온난화를 앞당기고 결국 이상 기후까지 나타나는 거잖아요.

이처럼 환경은 서로 사슬처럼 연결되어 있어요. 오늘 편하게 살고자 하는 우리의 작은 바람과 행동이 지구에 어마어마한 영향을 끼칠 수 있다는 사실을 명심해야 할 때예요.

쓰레기를 수출한다고? 그게 사실이야? 어디로?

"물건도 아니고 쓰레기를 나라끼리 사고판다고요?"

"말도 안 돼! 쓰레기를 사다 어디다 써?"

분식집에서 떡볶이를 사거나, 문구점에서 장난감을 사는 건 그럴 만한 이유가 있어요. 떡볶이는 맛있고, 장난감은 가지고 재미나게 놀 수 있으니까요. 그런데 쓰레기를 사고판다고요?

이 놀라운 일이 실제로 일어나고 있어요. 여러 나라에서 돈을 내고 쓰레기를 다른 나라로 팔아 버리고 있어요. 쓰레기가 그만큼 골칫거리라는 거죠.

상대적으로 부유한 국가에서는 자신의 나라에 더러운 쓰레기를 매립할 수 없다고 생각해서 가난한 나라에 팔아요. 땅이 넓지 않은 우리나라 역시 더 이상 쓰레기를 묻을 곳이 부족해서 다른 나라에게 돈을 주고 쓰레기를 팔아 버리지요. 그러면 상대적으로 가난한 나라는 쓰레기가 더럽고 위험한 것임을 알면서도 당장 돈이 없기 때문에 쓰레기를 수입해서 처리해요. 가난한 나라가 마치 거대한 쓰레기통처럼 변한 것이지요.

여러분은 이 이야기를 들으며 조금 마음이 불편하지 않나요? 내가 어지른 것을 다른 사람이 치우는 게 옳지 않다고 여겨지지 않나요? 나도 싫은 걸 다른 사람이 좋아할 리 없잖아요. 한숨이 팍팍 나오는 일이 아닐 수 없어요.

무엇보다 중요한 것은 쓰레기를 불법으로 수출한다는 거예요. 나라와 나라끼리 거래하는 것이다 보니 수출 자체가 불법은 아니지만 재활용 가능하다며 신고해 놓고 재활용이 불가능한 쓰레기를 다른 나라로 보내는 경우도 있어요. 쓰레기를 수입한 가난한 나라는 쓰레기를 들여와 놓긴 했지만 그대로 방치해서 국민들에게 피해를 입히는 경우도 빈번하고요.

또한 폐기물을 수입하던 나라들이 점차 수입을 중단하면서 합법적인 수출의 길도 점점 좁아지고 있어요. 불법으로 수출하려다가 들키면 어떻게 될까요? 다시 우리나라로 들어온 폐기물은 결국 쓰레기산으로 옮겨져 방치되지요.

특히 2010년대에는 우리나라가 전자 쓰레기를 인도로 불법 수출한 것이 드러나기도 했어요. 한 다큐멘터리 프로그램에 따르면 인도의 수도 델리에 전자 쓰레기 마을이 있다고 해요.

각종 회로판이 쌓인 이곳에서는 아이들이 학교를 가지 않은 채 쓰레기를 분해하고 있어요. 전자 쓰레기의 각종 부품에서 쓸 만한 구리, 납 등을 분해하는 것이지요. 컴퓨터, 프린터 등의 전자 기기에서 부품을 떼어 내어 팔면서 생계를 유지해요. 마스크나 보호 장비

우리 땅에는 쓰레기를 묻을 수 없으니까.

없이 맨손으로 전자 기기를 다루는 모습이 무척 위험해 보여요.

　이렇게 인도로 전자 쓰레기를 불법 수출하는 기업을 분석했는데 절반 가량이 한국 기업인 것으로 밝혀졌어요. 최신 스마트폰, 태블릿 PC, 노트북 등 고도로 디지털화된 우리나라의 화려한 모습 뒤에 있는 어두운 모습이 드러난 것이지요. 사실상 쓰레기 수출이 아닌, 쓰레기 떠넘기기가 된 우리 사회는 반성을 제대로 하고 있을까요?

3장

쓰레기 감시단, 이제 지구를 지키자

우리 집 쓰레기에도 책임과 값을 치르는 세상이라고?

"왜 쓰레기는 종량제 봉투에 담아서 버려요? 그냥 봉투에 담으면 안 되나요?"

지금은 누구도 이런 질문을 하지 않지만 1995년쯤에는 이런 질문이 아주 자연스러웠어요. 쓰레기 종량제가 이때 처음 시작되었기 때문이지요.

여러분은 종량제 봉투에 쓰레기를 담아 버려 본 적이 있나요? 부모님이 다 하셔서 해 본 적이 없다고요? 음, 저라면 시키지 않아도 해 볼 수 있어요. 그쯤은 할 수 있는 나이인 데다 부모님을 도와주고 싶은 마음도 있으니까요.

종량제 봉투에 쓰레기가 가득 차면 꽁꽁 묶은 다음 정해진 장소에 쓰레기봉투를 내놓아요. 그런데 왜 쓰레기는 꼭 종량제 봉투에 담아야 할까요? 일반 검은색 비닐봉지에 쓰레기를 담아서 버리면 안 될까요? 이 질문에 대답하기 위해서는 먼저 쓰레기 종량제가 무엇인지 알아야 해요. 쓰레기 종량제란 쓰레기를 버리는 양에 따라 처리 비용을 내는 제도를 뜻해요. 쉽게 말해 쓰레기를 많이 만들면, 그만큼 봉투를 많이 사서 쓰레기를 처리하는 값을 내라는 뜻이에요.

실제로 쓰레기 종량제 봉투가 클수록 가격이 비싸고, 작을수록 가격이 싸요. 가정에서 자주 사용하는 20리터 봉투는 600원 정도하고, 학교 교실에서 자주 쓰는 50리터 봉투는 1,250원 정도 해요. 물론 이 가격은 지역마다 조금씩 차이가 나요. 음식물 쓰레기 역시 전용 봉투가 있고 그 크기에 따라 가격이 달라요.

그렇다면 쓰레기 종량제가 시작되기 전에는 어땠을까요? 쓰레기 종량제가 있기 전에는 어떤 식으로 쓰레기를 배출해도 문제가 되지 않았기 때문에 재활용품도 일반 쓰레기와 같이 배출했어요.

우리나라는 1970년대부터 쓰레기 문제가 심각한 문제로 떠오르기 시작했어요. 우리나라가 산업화 대열에 뛰어들면서 각종 공장이 생기고 사람들의 소비가 늘었기 때문이에요. 이 당시에 가정에서 나오는 생활 폐기물뿐만 아니라 공장에서 나오는 산업 폐기물까지 쓰레기가 엄청났어요. 특히 사용하지 않는 공터에 계속해서 쓰레기를

쌓거나 묻었지요.

여러분은 혹시 난지한강공원에 가 본 적 있나요? 지금은 푸른 나무가 자라고 캠핑장이 잘 만들어져 있지만, 옛날에는 난지도가 쓰레기 섬이었어요. 1978년 난지도는 쓰레기 매립지로 정해졌고 점점 쓰레기 섬으로 변하기 시작했어요. 수도권 쓰레기의 70퍼센트가 난지도에 매립되었지요. 엄청난 양의 쓰레기는 결국 쓰레기 산을 만들어 내고 주변 환경을 오염시키기 시작했어요. 또한 쓰레기 산에서 각종 가스가 나오면서 화재도 자주 났지요. 결국 1993년 난지도 쓰레기 매립장은 완전히 문을 닫게 되었어요.

그로부터 2년이 지난 1995년부터 쓰레기 종량제가 전국적으로 시행되었어요. 쓰레기 종량제가 실시되면서 쓰레기의 양이 많이 줄어들었지요. 무려 3개월 만에 쓰레기 발생량이 37퍼센트가 감소되었다고 해요. 쓰레기를 처리하는 비용을 줄이기 위해 너도나도 쓰레기의 양을 줄였기 때문이에요. 재활용이 가능한 쓰레기는 종량제 봉투에 담지 않아도 되니, 재활용을 하는 비율도 늘었어요. 쓰레기 종량제가 실시되면서 재활용품 수거량은 2배나 증가했지요.

우리가 마음대로 만드는 쓰레기에 값을 붙여서 쓰레기의 양을 줄인 쓰레기 종량제! 쓰레기는 꼭 쓰레기 종량제 봉투에 담아서 버려야 하는 이유를 알겠지요?

쓰레기를 분리해서 버린 나란 녀석, 칭찬해!

"에잇, 귀찮은데 그냥 일반 쓰레기에 버려야겠다."

"노노! 환경을 생각하면 절대 안 될 말씀!"

여러분은 평소 쓰레기를 잘 분리해서 버리는 편인가요? 캔은 캔끼리, 플라스틱은 플라스틱끼리, 종이는 종이끼리 분리수거를 하고 일반 쓰레기는 일반 쓰레기에 분리해서 버리는 일, 철저하게 실천하고 있나요?

사실 분리수거는 꽤 귀찮은 작업이에요. 맛있는 음료수를 먹고 난 다음 페트병을 깨끗하게 씻어서 라벨을 벗겨야 하고, 택배 상자는 테이프를 모두 다 떼어야 하지요. 우유팩은 내용물을 비워 씻고 말린 다음 종이팩으로 분리해서 버려야 해요. 어떤 사람들은 이 과

정이 너무 귀찮아서 쓰레기를 분리수거하지 않고 모두 일반 쓰레기로 버리기도 해요.

사실 남 이야기가 아니란 건 알죠? 충분히 실천할 수 있는 일인데도 잠깐의 귀찮음 때문에 여러분도 그렇고, 여러분의 부모님도 '그냥 버리자.' 하고 타협할 수 있으니까요.

하지만 분리수거는 선택이 아니라 필수예요. 왜 그런지는 앞에서 계속 이야기해 왔기 때문에 똑똑한 친구들은 바로 고개를 끄덕일 거예요.

만약 분리수거를 하지 않고 모두 일반 쓰레기로 버리게 된다면 매립되거나 소각되는 쓰레기의 양이 엄청나게 늘어나요. 쓰레기가 매립되거나 소각될 때도 악취, 오염수 등 환경에 아주 유해한 영향을 끼치지요.

깨끗하게 세척만 잘 하면 재사용, 재활용할 수 있는 물건이 쓰레기장으로 간다면 너무 아깝지 않을까요? 분리수거를 잘 한다면 우유팩이나 종이컵은 두루마리 휴지로 다시 태어날 수 있고, 금속 캔이나 고철류는 철근이나 강판, 재활용 캔으로 다시 태어날 수 있어요. 빈병은 유리병이나 식기, 유리 블록으로 다시 태어나고, 페트병은 부직포나 옷으로 다시 태어날 수 있어요. 또 음식물 쓰레기는 가축에게 주는 사료나 식물에게 주는 퇴비로 다시 태어날 수 있지요.

이렇게 우리 주변에 생각보다 많은 쓰레기들이 분리수거를 통해 새롭게 태어날 수 있어요. 땅에 묻힐 뻔한 쓰레기들이 새 생명을 가지고 다시 태어난다니! 분리수거는 쓰레기들에게 너무 좋은 기회이지만, 지구와 지구에 사는 모든 생명체들에게도 새 생명을 선물하는 좋은 일이에요.

분리수거를 제대로 해야 하는 이유는 또 있어요. 우리나라는 인구에 비해 땅덩어리가 좁은 편이라 쓰레기를 매립하거나 소각할 곳이 부족하기 때문이에요. 그래서 재활용할 수 있는 자원은 분리수거를 통해 다시 태어날 수 있도록 해야 해요. 더 이상 쓰레기를 받아들일 수 없을 만큼 우리나라에는 쓰레기가 가득 찼고 쓰레기를 처리하는 비용 또한 만만치 않아요.

오늘, 여러분을 '분리수거 감시단'으로 임명할게요. 집에서, 학교에서 솔선수범하여 분리수거를 하고, 안내해 주는 감시단이 되는 거예요. 단, 무섭게 째려보기만 하는 감시단보다는 분리수거가 왜 필요한지 부드러운 목소리로 알려 주고 방법을 친절하게 알려 주는 감시단이 되면 더 좋겠죠?

고기 대신 채소를 먹는 게 지구 환경에 도움이 된다고?

여러분은 학교 급식을 좋아하나요? 오늘 점심은 어떤 메뉴가 나올지 기대하는 마음으로 학교에 가는 친구들도 있을 거예요. 설레는 발걸음으로 학교에 도착해서 식단표를 봤을 때 혹시 '채식의 날'이라고 되어 있는 것을 본 적이 있나요?

"오늘이 채식의 날이라고? 왜 갑자기? 나는 채소도 싫고 고기 없인 밥 먹기 싫은데!"

이렇게 말하는 친구가 있다면 서로가 대략난감한 일이 아닐 수 없어요. 학교마다 조금씩 다르지만 최근에는 '채식의 날'을 정해서 급식에 육류가 나오지 않는 학교도 늘고 있다고 해요. 강요하는 건 아니지만 육류를 소비하는 우리의 식생활에 대하여 한번 곰곰이 생각해 보자는 의미에서 실행하는 것이지요.

채식이란 고기, 생선, 달걀, 우유 등 동물성 식품을 피하고 채소, 과일, 곡물, 버섯, 해조류 등의 식물을 먹는 것을 말해요. 물론 채식에도 여러 가지 종류가 있어요. 오로지 채소만 먹는 채식부터 달걀이나 우유는 먹거나, 생선이나 닭고기까지 먹는 채식도 있어요.

"이 맛난 고기를 왜 안 먹지?"

이해하기 힘들어하는 사람들도 많아요.

그렇다면 채식을 하는 사람들은 맛있는 고기를 도대체 왜 안 먹는 걸까요? 이유는 사람마다 다 달라요. 종교적인 이유 때문에 먹지 않는 경우도 있고, 동물의 권리를 보호하기 위해 먹지 않는 경우도 있고, 단순히 건강을 위해서 채식을 하는 경우도 많아요.

최근에는 환경을 보호하기 위해 채식을 시작한 사람들이 늘고 있는데, 과연 환경 보호와 채식이 어떤 관련이 있을까요?

우리가 맛있게 먹는 고기는 돼지나 소, 닭 등의 동물을 길러 도축한 것이에요. 이 중 대규모로 길러지는 돼지와 소, 닭들이 사실 온실가스에 크게 영향을 미치고 있어요. 가축을 기르는 축산업이 온실가스를 굉장히 많이 배출하고 있기 때문이에요. 가축을 키우고, 잡고, 유통하는 모든 과정에서 많은 온실가스가 발생해요. 넓은 초원에서 대량으로 가축을 키우고 가축의 사료(옥수수 등)를 키우기 위해 많은 나무들이 베어지고 있어요. 가축이 살아갈 공간, 가축이 먹을 음식을 기르는 공간을 마련하기 위해 숲을 파괴하는 것이지요. 어떤 나라에서는 숲에 불을 질러서 나무를 모두 없애고 그 자리에 농장을 짓기도 해요.

놀랍게도 소의 트림과 방귀도 환경을 오염시키는 데 한몫해요. 소는 되새김질 과정에서 트림과 방귀 배출을 많이 하는데, 이때 많

은 양의 메탄이 발생한다고 해요. 메탄은 이산화탄소보다 더 크게 온실 효과를 가져오는 기체이며, 지구 온난화의 주요 원인이지요. 이렇게 기른 소나 돼지를 잡아서 고기를 만들고 이를 운반하는 과정에서 역시 탄소가 배출돼요. 자동차나 비행기 등을 이용해 고기를 운송할 때 많은 양의 탄소가 배출되잖아요.

이러한 이유로 고기를 즐기는 식습관이 환경을 파괴할 수 있다는 거죠. 여러분이 지금 당장 채식을 하기는 쉽지 않겠지만, 맛있게 먹는 고기가 환경에 어떤 영향을 미치는지 알고 있으면 좋지 않을까요?

패스트 패션보다는 슬로 패션, 오래 입고 고쳐 입는다

"이 옷은 이제 안 입을 거야! 엄마한테 새 옷 사 달라고 할까 봐. 기왕이면 운동화도 새로 사 달라 해야지!"

여러분은 오늘 어떤 옷을 입었나요? 그 옷은 언제 산 옷이었나요? 여러분 중에는 옷을 자주 사는 사람도 있을 것이고, 자주 사지 않는 사람도 있을 거예요. 부모님이 사 주는 대로 입는 것이니 딱히 찔리지 않는 친구도 있겠지만, 이쯤 되면 뭔가 우리의 의생활에도 변화가 있어야 한다는 걸 깨닫는 멋진 친구가 있을 거예요.

놀랍게도 옷만 잘 입어도 우리가 사는 지구 환경을 되살릴 수 있어요. 옷을 도대체 어떻게 입어야 환경에 도움이 되는 것일까요? 먼저 버려지는 옷이 환경에 어떤 영향을 끼치는지 알아볼까요? 그러기 위해 여러분의 옷 안쪽에 붙어 있는 성분 표시 내용을 살펴보세요. 그중 '합성 섬유'라고 되어 있는 것이 보이나요? 합성 섬유 표시가 없는 옷도 있지만 대부분의 옷에 '합성 섬유' 성분(폴리에스테르 등)이 포함되어 있어요. 이 합성 섬유는 플라스틱의 일종이에요.

합성 섬유로 만든 옷을 빨면 합성 섬유에서 미세 플라스틱이 나오고, 이것이 하수구를 통해 바다나 강으로 흘러 들어가 쌓여요. 바다나 강에 쌓인 미세 플라스틱은 해양 생물에게 해로운 영향을 미치고 생태계를 오염시키지요.

이뿐만 아니라 쉽게 버려지는 옷을 매립하고 소각하는 과정에서도 역시 환경에 치명적인 영향을 끼쳐요. 매캐한 연기가 벌써부터 콧속으로 들어오는 것 같지 않나요?

그렇다면 여러분은 옷을 얼마나 자주 사고 버리나요? 어떤 사람은 빠르게 바뀌는 유행에 따라 옷을 싸게 사고 짧게 입은 뒤 쉽게 버리기도 해요. 이것을 '패스트 패션(fast fashion)'이라고 해요. 하지만 패스트 패션은 제품의 가격을 낮추기 위해 좋지 않은 섬유를 사용해서 옷감이 금방 상하고 쉽게 버려져요. 그래서 자원이 크게 낭비되고 쓰레기가 늘어나지요. 특히 환경에 좋지 않은 성분이 많이 포함된 의류 폐기물이 환경 오염을 일으킨다는 문제점도 있어요.

패스트 패션에 대한 반성의 목소리가 커지면서 패스트 패션과 반

대로 '슬로 패션(slow fashion)'이라는 개념이 등장했어요. 슬로 패션
이란 말 그대로 옷을 천천히 만들고 오래 입자는 뜻이에요. 옷을 만
들고 판매하고 입는 모든 과정에서 환경을 생각하는 친환경적인 패
션을 말하지요.

　우선 옷을 만드는 사람들은 기왕이면 오래 입을 수 있도록 질이
좋은 제품을 만들어요. 그리고 옷을 사는 사람들은 옷을 사서 오랫
동안 입고, 낡으면 수선하거나 고쳐서 오래 입어요. 이것이 바로 슬
로 패션의 특징이에요. 만약 그 옷을 더 이상 입지 않을 때는 다시
판매하거나 물려주는 등의 방법으로 옷이 쉽게 버려지지 않도록 하

는 것도 슬로 패션의 특징이에요. 슬로 패션은 이러한 방식으로 환경
에 피해를 주지 않는 지속 가능한 패션을 목표로 하고 있어요.

　여러분은 패스트 패션과 슬로 패션 중 어떤 패션을 따라갈 것인
가요? 물론 옷을 사고 입는 것은 우리의 자유이지만, 그 옷이 지구
에 어떤 영향을 미치는지 알고 옷을 사야 하지 않을까요? 물론 여러
분은 아직 어려서 부모님이 알아서 옷 관리를 해 주겠지만, 오늘 책
에서 배운 슬로 패션에 대해 부모님과 이야기하며 생활 속에서 함께
환경을 지켜 보는 건 어떨까요?

일회용품 제로 챌린지, 너도나도 실천하는 사회 만들기

여러분은 가게에서 음식을 포장해 와 본 적이 있나요? 맛있는 김밥을 포장해 본 친구도 있을 것이고, 바삭한 치킨을 포장해 본 친구들도 있을 거예요. 음식점에 가서 음식을 먹거나 집에서 직접 해 먹을 수도 있는데, 굳이 음식을 포장해 오는 이유는 무엇인가요? 아마 집에서 설거지를 하기 귀찮거나 집에 딱히 먹을 것이 없어서 포장해 오는 경우가 있을 거예요. 혹은 음식점에서 파는 맛있는 음식을 집에서 텔레비전을 보며 편하게 먹고 싶어서 그럴 수도 있어요.

하지만 이렇게 포장한 음식들은 먹기에는 편하지만 처리할 때는 아주 많은 쓰레기를 만들어요. 특히 포장 용기로 주로 사용되는 플라스틱은 환경 오염의 주요 원인이기도 하지요.

그래서 최근 사람들은 새로운 도전을 하기 시작했어요. 바로 '용기내 챌린지', '일회용품 ZERO 챌린지'예요. 이름을 어떻게 만들든지 간에, 뭔가 이름만 봐도 이해가 팍 되지 않나요?

용기내 챌린지는 음식 포장으로 생기는 쓰레기들을 줄이자는 뜻에서 시작되었어요. 음식을 포장할 때 일회용기나 플라스틱 용기에 담지 않고, 집에서 직접 용기나 에코백 등을 가져가서 포장 음식을 담는 것이지요. 이렇게 하면

제로웨스트 실천 가게

포장 시 무분별하게 사용되는 비닐, 플라스틱 등의 쓰레기를 크게 줄일 수 있어요.

구체적으로 용기내 챌린지를 하는 방법을 알아볼까요? 방법은 아주 쉬워요. 집에 있는 유리 그릇, 스테인리스 용기 등 여러 번 사용이 가능한 다회용기를 가져가면 돼요. 음식의 양이 헷갈릴 때는 다양한 크기의 용기를 챙겨 가면 되지요. 만약 국물이 있거나 뜨거운 음식의 경우 깊이가 깊고 보온이 잘 되는 냄비를 직접 들고 가도 괜찮아요.

일회용품 ZERO 챌린지 광고(환경부)

하지만 이렇게 용기를 잘 챙겨 가도 용기내 챌린지에 성공하지 못하는 경우도 있어요. 바로 가게 사장님께서 이 용기를 거절하는 경우이지요. 포장 쓰레기로 인한 환경 오염의 심각성을 느끼지 못하는 경우 귀찮다는 핑계로 거절할 수도 있지요. 하지만 다행히도 최근 뉴스, SNS 등 여러 매체를 통해 환경 오염의 심각성이 널리 알려지고 있어서 많은 사람들이 용기내 챌린지에 참여하고 있어요. 환경부나 지자체에서도 함께 하자고 사람들을 설득하고 있고요.

처음에는 낯설고 번거로워도 이것이 바로 지구를 지키는 작은 발걸음이에요. 여러분도 용기내 챌린지에 함께 참여해 보는 것은 어떤가요?

지구를 지키는 데 앞장서는 기업이 있다고?

"우리만 애써 환경을 지킨다고 될까? 정작 지구 환경을 해치는 사람들은 따로 있는데……."

여러분은 혹시 이런 생각을 해 본 적이 없나요? 사람들은 열심히 분리수거하고 플라스틱 사용을 줄이면서 쓰레기를 줄이기 위해 노력하는데, 과연 제품을 생산하거나 서비스를 제공하는 기업은 어떤 노력을 할까요? 우리가 줄이는 쓰레기의 양도 중요하지만 기업에서 쓰레기를 줄이고 환경을 지키기 위해 노력한다면 그 효과는 훨씬 클 텐데 말이에요.

최근에는 이러한 사람들의 요구, 사회적인 요구를 반영해서 기업들이 변화하고 있어요. 우리나라의 한 기업은 RE100(알이백)에 참여하기로 해서 큰 화제가 되기도 했어요. 이처럼 세계 각국 기업들이 RE100에 참여하자고 약속하고, 실천하고 있지요. 비록 기업의 이익이 조금 줄지라도 RE100을 실첨함으로써 지구 환경에 대한 책임을 지자는 것이죠.

RE100이란 기업에서 사용하는 전력의 100퍼센트를 모두 재생 에너지로 충당하겠다는 캠페인이에요. 쉽게 말해서 기업에서 불을 켜거나 컴퓨터를 작동시키기 위해 전기를 사용하고, 물건을 만들기 위해 다양한 에너지를 사용할 텐데, 이 에너지를 재생 에너지로 활용한다는 것이지요. 재생 에너지란 석탄이나 석유와 같은 화석 연료를 사용하지 않고 태양열, 풍력 등 자연에서 얻을 수 있는 에너지를 활용하는 것을 말해요.

화석 연료는 지구 온난화의 주범인 탄소를 배출하지만 재생 에너지는 깨끗할 뿐만 아니라 고갈될 걱정도 없어요. 이러한 재생 에너지로 기업의 모든 전력을 충당하겠다고 하는 캠페인이 RE100이에요. 물론 100퍼센트 재생 에너지 사용이 현재로선 힘들기 때문에 그 비중을 조금씩 늘리는 형태로 실현하겠다 약속하지요.

RE100에 참여하는 기업이 생겼을 뿐만 아니라 환경을 생각하는 경영을 목표로 내세운 기업도 있어요. 바로 ESG 경영이에요. ESG란 환경(Environmental), 사회(Social), 지배 구조(Governance)의 약자인

데, 기업의 지속 가능성을 평가하는 지표랍니다. 쉽게 말해 지구 환경을 해치지 않고, 사회적 약자를 지키고, 인권을 침해하지 않으며, 부정부패를 없애는 투명한 경영을 한다는 것이에요. 특히 환경을 지키기 위해 기업에서 탄소 배출을 얼마만큼 하는지 파악하고, 폐기물을 규정에 맞게 잘 버렸는지 확인하지요. 이러한 것이 모두 환경을 생각하는 기업의 노력이에요.

이렇게 환경을 지키기 위해 노력하는 기업들을 알아보고, 그들의 정신을 응원하고 동참하기 위해 그 기업의 물건을 구입하는 현명한 소비자, 이것이 우리의 역할이 아닐까요?

전 세계에서는 지금 지구를 위해 어떤 노력을 하고 있을까?

여러분은 6월 5일이 무슨 날인지 알고 있나요? 누군가의 생일일 수도 있고, 누군가에게는 개인적으로 의미 있는 날일 수도 있어요. 사실 이날은 '세계 환경의 날'이에요. 우리 모두가 기념할 필요가 있는 날이지요.

세계 환경의 날은 1972년 6월 스웨덴 스톡홀름에서 열린 '유엔인간환경회의'에서 국제 사회가 지구 환경 보전을 위해 함께 노력할 것을 다짐하며 정한 날이에요. 유엔인간환경회의는 지구촌의 여러 나라들이 함께 모여 지구 환경을 지키기 위해 힘쓰겠다고 다짐한 첫 번째 국제 회의라 의미가 더욱 크지요. 우리나라에서는 1996년부터 6월 5일을 환경의 날로 정했어요. 우리나라를 비롯한 세계 여러 나

세계 환경의 날 캠페인

라에서는 이날을 기념하며 여러 캠페인을 진행하고 있어요. 걸어 다니면서 쓰레기를 줍는 캠페인을 하기도 하고, 환경 문제의 심각성을 알리는 영상을 만들기도 하지요. 지구촌 모두가 환경 문제의 심각성을 깨닫고 환경을 위해 함께 행동하는 중요한 날이지요.

이뿐만 아니라 전 지구적 차원에서 각각의 나라들은 환경 보전을 위해 여러 가지 노력을 하고 있어요. 여러분은 혹시 학급 회의를 해 본 적이 있나요? 교실에서 문제가 생겼을 때 학급 회의를 통해 문제 해결 방법을 다 같이 고민하고 약속을 정하기도 해요. 친구들과 다툼을 줄이는 방법에 대해 회의를 할 때도 있을 것이고, 자리를 바꾸는 방법을 학급 회의를 통해 결정할 수도 있지요.

이와 비슷하게 2016년 프랑스 파리에서는 여러 나라가 모여서 환경 보전을 위해 회의를 하고 함께 약속을 정했어요. 이 약속의 이름은 파리 기후변화 협약(파리 협정)인데, 협약에 가입된 195개 나라 모두가 온실가스 배출량을 줄이겠다고 다짐했어요. 나라마다 온실가스를 어느 정도 줄일 것인지 여러 나라 앞에서 약속을 하고 그 약속이 잘 지켜지는지 국제 기구에 보고를 하기로 한 것이지요. 함께 모여 약속을 정하니 각 나라의 책임감이 더욱 강해졌겠지요?

이처럼 이제는 환경 문제 해결을 위해 하나의 나라뿐만 아니라 전 지구적 차원에서 함께 노력하고 있어요. 이제 우리는 6월 5일뿐만 아니라 모든 날을 환경의 날로 여기고 매일매일 작은 실천을 하면서 함께 노력해야 할 때가 왔어요. 친환경에서 더 나아가 '필환경'의 시대, 환경이 필수가 된 시대예요. 누구 한 사람이 아니라 우리 모두가 함께 노력해야 한다는 말이지요.

생산부터 폐기까지 꼼꼼히 체크하는 제품의 전 과정

사실 분리수거만 잘 한다고 해서 환경을 아름답게 지키는 건 아니에요. 지금까지 실컷 쓰레기를 분리수거하자 말해 놓고, 이건 또 무슨 말이냐고요? 분리수거가 필요 없다는 뜻일까요? 조금 황당해하는 친구들이 있을 테지만 한국말은 끝까지 들어 보아야 해요.

쓰레기의 양을 줄이고 잘 버리는 것이 중요한 것은 맞아요. 하지만 이렇게 폐기 단계에서만 우리가 주의를 기울인다고 환경 문제가 해결되지는 않아요. 기후 위기까지 찾아온 거대한 환경 문제에서 폐기 단계만 집중하면 안 되고, 한 제품의 생산부터 폐기까지 전 과정을 살펴볼 필요가 있어요.

에코백을 예로 들어서 생각해 볼게요. 여러분은 에코백을 자주 사용하나요? 일회용 비닐봉지 사용을 줄이기 위해 만들어진 에코백은 환경을 보호하자는 의미도 담겨 있고 디자인도 예뻐서 많은 사람들이 자주 사용하는 물건 중 하나예요. 그런데 에코백을 한두 번 재사용하는 것만으로는 환경에 별로 도움이 되지 않는다는 사실, 알고 있나요? 에코백의 재료인 면과 합성 섬유는 만드는 과정에서 많은 양의 물이 필요하고 이산화탄소를 배출해요. 이산화탄소를 내뿜으며 만들어진 에코백은 비행기나 배, 차를 통해 운송되어 우리 손에 들어와요. 생산과 운송 과정에서 어쩔 수 없이 이산화탄소가 배출된다는 거예요.

에코백이 정말 환경에 도움이 되기 위해서는 최소 7,100번은 재사용되어야 한다고 해요. 7,100번이면 하루도 빠짐없이 약 19년 동안 에코백을 써야 한다는 것이에요. 참 어렵지요?

비슷하게 텀블러 역시 1,000번 이상 사용되어야 환경 보호에 효과가 있다고 해요. 플라스틱 컵을 안 쓴다고 하면서 텀블러를 유행에 따라 몇 개씩 사고 금방 버리는 것은 오히려 환경에 좋지 않은 영향만 끼치는 것이지요.

이렇게 한 제품의 생산부터 폐기까지 단계별로 구분하고, 각 단계별로 환경에 미치는 영향을 측정해서 개선하고자 하는 것을 '전 과정 평가'라고 해요.

사실 모든 물건은 태어날 때부터 버려질 때까지 모든 과정에서 환경에 영향을 끼쳐요. 6단계로 나누어 살펴볼까요? 첫 번째는 원료 수급이에요. 물건을 만들기 위해 원료가 필요하겠지요? 이 과정에서 나무를 베는 등 여러 자원이 훼손되어요.

두 번째는 제조 단계예요. 원료를 활용해 물건을 만드는 단계이지요. 매연이 폴폴 나오는 공장을 떠올려 볼까요? 생각만 해도 환경에 나쁜 영향을 끼치겠지요?

세 번째는 포장 단계예요. 물건을 만들었으면 예쁘게 포장해서 사람들에게 판매해야 해요. 물건을 포장하기 위해 사용되는 박스, 비닐 역시 또 다른 쓰레기를 만들지요.

물건이 다 만들어졌다면 네 번째로 운송 단계를 거쳐요. 비행기, 차, 선박 등을 이용해 물건을 운송하는 과정에서 역시 탄소 배출이 이루어지지요.

다섯 번째는 사용 단계예요. 물건을 사용하고 설거지, 빨래 등을 하는 과정에서 역시 환경을 오염시키지요.

마지막은 폐기 단계예요. 이 단계가 바로 우리가 지금까지 주목했던 쓰레기 문제예요. 쓰레기를 매립하거나 소각하는 과정에서 역시 환경이 오염돼요.

이렇게 물건은 만들어지고 버려지기까지 모든 과정에서 다양한 방법으로 환경에 영향을 미쳐요.

이제 우리는 환경 문제에 대해 이야기할 때 한 측면만 바라보지 말고 제품이 만들어지는 전 과정을 단계별로 살펴서 얼마만큼 환경에 중요한 영향을 미치는지 확인할 필요가 있어요. 그리고 그 수치를 줄일 수 있는 방법을 연구하는 것이 우리들의 과제이지요.

오늘 여러분이 사용한 다양한 물건들은 탄생부터 폐기까지 어떤 과정을 거칠까요? 그리고 환경에는 어떤 영향을 끼칠까요? 함께 고민해 보고 그 전 과정 속에서 여러분은 어떤 역할을 할 수 있는지 곰곰이 생각해 봐요.